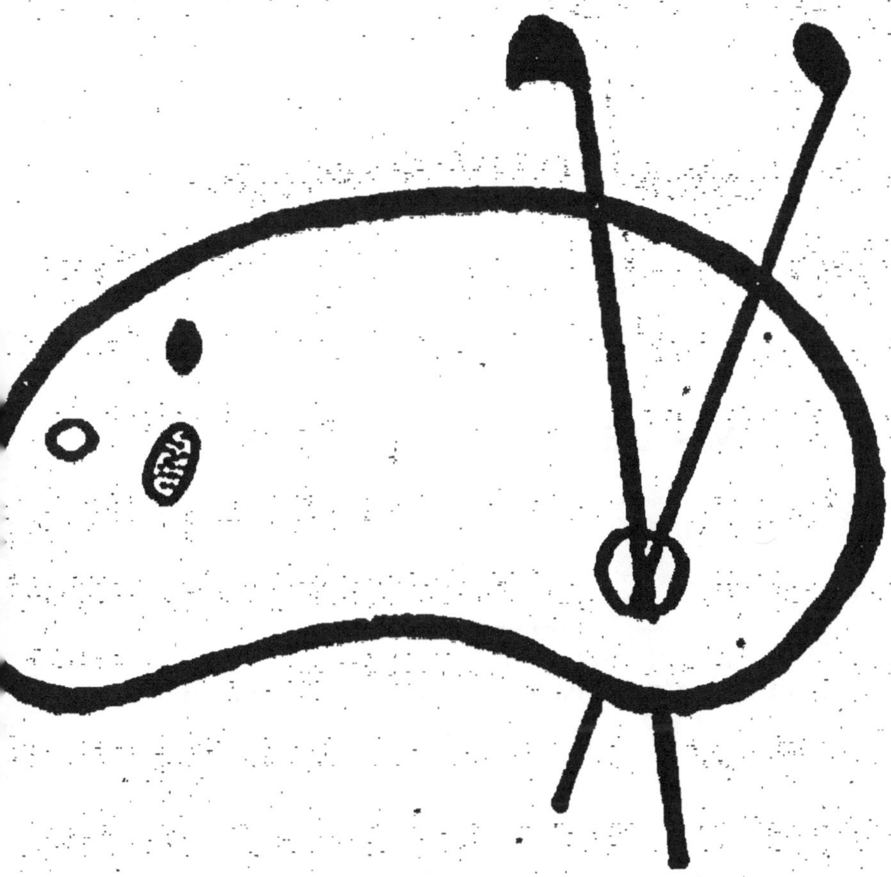

LE MOUVEMENT

HISTORIQUE ET ARCHÉOLOGIQU[E]

EN ROANNAIS

PAR

MAURICE DUMOULIN

Extrait de la *Correspondance historique et archéologique*
(Année 1897)

PARIS
LIBRAIRIE H. CHAMPION
9, QUAI VOLTAIRE, 9
—
1897

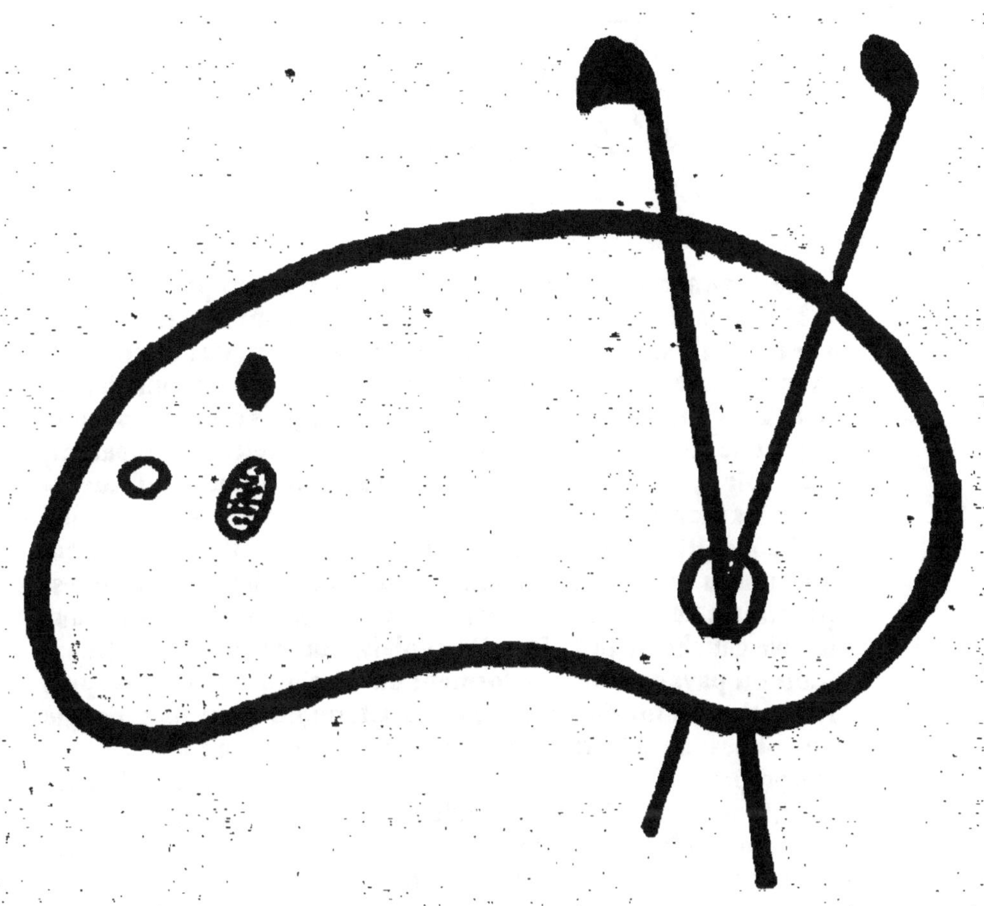

FIN D'UNE SERIE DE DOCUMENTS
EN COULEUR

LE MOUVEMENT HISTORIQUE ET ARCHÉOLOGIQUE EN ROANNAIS

Le Roannais est mieux qu'une expression géographique.

Entre les plateaux d'où la Loire se dégage, pour la dernière fois, par une série de gorges pittoresques et sauvages, de l'étreinte des montagnes et les coteaux du Charollais et du Bourbonnais, où le fleuve commence à s'étaler et ne remplit plus ses rives, s'étend le pays de Roannais. Les montagnes de la Madeleine le séparent, « au soir », comme on dit dans le pays, de la Limagne d'Auvergne ; les monts du Beaujolais le limitent « au matin » de la plaine de Saône. Bien que morcelé par les divisions de l'ancien régime, qui toutes ne correspondaient pas aux divisions naturelles, (Roannais dépendant du Forez et de l'intendance de Lyon, sur la rive gauche de la Loire ; Beaujolais, sur la rive droite ; Charluois ou pays de Charlieu formant une enclave mâconnaise, puis lyonnaise au nord-est ; diocèse de Clermont pour tout l'angle nord-ouest du département), ce pays a vécu de tout temps d'une vie propre et originale. *Pagus* au xe siècle, duché-pairie au xviie, son nom, bien que modifié par l'orthographe, n'a point péri tout entier, et les noms célèbres des *Rouannez* ou *Roannez*, sont demeurés vivants, grâce à Pascal.

Son individualité, si différente du Forez, si distincte surtout des tristes et noires vallées du Furens et du Gier, s'est marquée autrement que par des souvenirs féodaux, elle s'est affirmée aussi par l'ardeur de ses habitants à étudier son histoire.

Les ouvrages capitaux sur l'histoire du Roannais sont antérieurs à 1892.

En dehors des histoires du chanoine Jean-Marie de la Mure (1), des grands inventaires de sources de Chaverondier (2), d'Huil-

(1) J.-M. de la Mure, *Hist. civile du pays de Forez. — Hist. ecclésiastique. — Hist. des ducs de Bourbon et comtes de Forez.*

(2) Chaverondier, *Inventaire des titres du comté de Forez, fait en 1532, par Jacques Luillier.* Roanne, 1850, 2 parties, in-8°, 695 pages.

lard-Bréholles (1), de Charpin-Feugerolles (2), des grandes publications comme les cartulaires de Savigny et d'Ainay, d'Auguste Bernard, le recueil des chartes de l'abbaye de Cluny de MM. A. Bernard et Bruel (3), et de bibliographies générales dont nous parlerons à propos du Forez (4), ouvrages qui tous contiennent des faits, des actes, des mentions intéressant le Roannais, il existe des travaux particuliers sur cette région.

Le premier en date est celui de J. Guillien intitulé *Recherches historiques sur Roanne et le Roannais*, publié par M. Alph. Coste (5). C'est un recueil de travaux dont les plus considérables et ceux qui sont restés neufs traitent de l'histoire du commerce de Roanne et de la navigation sur la Loire, du collège et de l'hospice de Roanne. A cela il faut ajouter de précieuses études sur la Bénisson-Dieu, le triptyque d'Ambierle, les peintures de l'abbaye de Charlieu, et enfin sur la généalogie de la famille La Mure. Travaux consciencieux, faits sur les textes avec un grand sens historique.

M. Francisque Pothier a traité de *Roanne pendant la Révolution* (1789-1796) (6), histoire considérable, écrite avec talent et avec art, mais où l'auteur s'est peut-être trop affranchi des références et n'a pas assez indiqué ses sources qui sont, en général, les registres de délibération du corps de ville déposés aux archives de la mairie. *L'Essai sur l'histoire de la ville de Roanne et de ses environs*, par M. Alph. Coste (7), est un recueil plutôt qu'une histoire : généalogies, morceaux détachés, appendices s'y pressent et s'y relient mal, sans aucune vue d'ensemble. Faite d'après les

(1) Huillard-Bréholles, *Titres de la maison ducale de Bourbon*, 2 vol. in-4°. Paris, Plon, 1867.

(2) Cte de Charpin-Feugerolles, *Cartulaire des francs fiefs de Forez*, 1890-1892, 1 vol. in-4°. Lyon, impr. Perrin, 1882.

(3) Dans la collection des Documents inédits.

(4) De la Tour du Varan, *Essai sur la formation d'une bibliothèque forézienne*, Saint-Etienne, Chevalier, 1864, 1 vol. in-8°, 416 pages. A cet ouvrage, il faut ajouter : Chaverondier et Maurice, *Catalogue des ouvrages relatifs au Forez ou au département de la Loire de 1864 à 1883*. Saint-Etienne (*Annuaire de la Société d'Agriculture*), et V. Durand, *Bibliographie forézienne sommaire* (*Bulletin monumental*, t. 51).

(5) Jacques Guillien, *Recherches historiques sur Roanne et le Roannais*, publ. par Alph. Coste, 1 vol. in-8°. Roanne, Durand, 1863, XXI-372 pages; *port.*

(6) Francisque Pothier, *Roanne pendant la Révolution* (*1789-1790*), 1 vol. in-8°. Roanne, Durand, 1868, XII-334 pages.

(7) Alph. Coste, *Essai sur l'histoire de la ville de Roanne et de ses environs*, 1 vol. in-8°. Roanne, Durand, 1871, 308 pages. *Vues lith.*

manchettes des titres du duché de Rouannez, cette histoire est néanmoins utile à consulter : et c'est la seule.

Pour Charlieu, l'ouvrage important et sans cesse consulté est celui de M. de Sevelinges (1). Son histoire de Charlieu, faite d'après des textes en partie disparus aujourd'hui, est précieuse à plus d'un titre, si l'on y ajoute les éclaircissements et compléments de l'auteur lui-même et d'Aug. Bernard (2). Enfin, pour clore la liste des principales œuvres antérieures à 1892, il faut mentionner l'histoire de la Bénisson-Dieu (3) de l'abbé J. B., estimable et utile au point de vue ecclésiastique.

A partir de 1892, les travaux généraux ont été moins nombreux.

C'est aussi un recueil que l'ouvrage *En Pays Roannais* de M. Maurice Dumoulin (4), recueil où se trouvent des notices sur les corporations ouvrières, St-Haon-le-Châtel, Néronde, et les fêtes publiques pendant la révolution. Les parties les plus développées sont l'histoire de la navigation de la Loire, complément de celle de Guillien, et l'histoire de l'industrie de la région roannaise du XVIe siècle à 1889.

M. l'abbé Prajoux s'est fait une estimable spécialité de monographies des communes de l'arrondissement. Commencée en 1890, cette œuvre se poursuit. Conçues en général sur un plan uniforme : historique des lieux, des seigneurs, des fiefs, visites pastorales, essais de statistique, ces monographies sont le résultat de notes consciencieusement prises et minutieusement classées. C'est, en général, la mise en œuvre de ce qu'on connaît à l'heure où l'auteur écrit : peut-être aurait-on pu souhaiter qu'elles n'aient paru qu'après des recherches plus universelles. Il semble trop que le sujet ne soit né que pour le livre. A Roanne M. l'abbé Prajoux a consacré trois opuscules : un essai historique sur le territoire de Roanne, un procès de pêche en Roannais au XVIIIe siècle, les anciens logis et hostelleries. Sa der-

(1) J.-B. Desevelinges. *Histoire de la ville de Charlieu depuis son origine jusqu'en 1789*, 1 vol. in-8°, 1856, Roanne et Lyon, Durand et Brun, XVI-350 p.

(2) *Notice sur les antiquités de Charlieu*, par M. D... Broch. 28 p. S. l. n. d. — *Éclaircissements sur la géographie de la ville et du territoire de Charlieu* (par Desevelinges), broch. 27 p., S. l. n. d., Aug. Bernard — *Histoire de Charlieu* (*Revue du Lyonnais*, 1er févr. 1857, et tiré à part).

(3) *L'Abbaye de la Bénisson-Dieu*. Récit, description, *gravures et plan*, par l'abbé J. B.; Lyon, Brun, 1880, 1 vol. in-8°, XVI-387 p.

(4) Maurice Dumoulin. *En pays Roannais. Etudes d'histoire provinciale*. 1 vol. in-8°, Roanne, 1893, imp. Souchier, 276 p.

nière œuvre, un peu hâtive, est l'histoire du prieuré de Beaulieu. En tout cas il y a de bonnes choses à prendre dans toutes ces études (1).

La splendide publication faite par M. F. Thiollier avec la collaboration des savants de la région, *l'Art roman à Charlieu et en Brionnais*, contient quelques parties qui intéressent le Roannais : une magistrale étude de V. Durand intitulée modestement *Abrégé de l'histoire de Charlieu*; *Charlieu pendant la Révolution*, de E. Brossard; *les Monuments romans de Charlieu*, par E. Jeannez, études toutes irréprochablement illustrées (2).

*
* *

Malgré son activité intellectuelle le Roannais n'a point de société savante : tous ceux qui travaillent se groupent autour de la Diana de Montbrison. En 1893, on a projeté de fonder une *Société d'émulation de Roanne :* ce projet n'a point été suivi d'effet.

En revanche, une superbe revue : *le Roannais illustré*, y a été fondée et y grandit (3).

Fondée en 1884 sous la direction de M. R. Chassain de la Plasse, cette publication, « née de l'amour du pays et comptant en vivre », ainsi que s'exprime la préface, se proposait le but suivant : « Etudier l'histoire de Roanne et de ses environs; faire connaître les curiosités naturelles ou artistiques de notre arrondissement; retracer la vie des personnages qui dans tous les temps l'ont honoré; donner un organe à ceux qui parmi nous ont le culte des choses de l'esprit; mettre enfin à côté du texte qui décrit et raconte l'image qui fait revivre : voilà le but du *Roannais illustré.* » Ce programme a été suivi scrupuleusement; les il-

(1) Bibl. de l'abbé J. Prajoux. *Notes et documents sur Parigny*, broch. de 77 p. in-18. Roanne, 1890, imp. Chorgnon. — *Notes et documents sur Vendranges*, 1 broch. de 74 p. in-18, Roanne, 1891, id. — *Notes et documents sur Saint-Cyr de Favières et l'Hôpital*, 1 vol. in-18, 310 p. Roanne, 1892, id. — *Le canton de Saint-Just-en-Chevalet*, 1 vol. in-18, 310 p. Roanne, 1893, id. — *Essai historique sur le territoire de Roanne*, 1 broch. de 97 p. in-18, à Roanne, 1894, id. — *Un procès de pêche en Roannais au* XVIIIe *siècle (1721-1754)*, 1 broch. 12 p. in-18, Roanne, Darcon, 1895. — *Les anciens logis et hostelleries de Roanne*, 1 broch. 38 p. in-18. Roanne, Darcon, 1895. — *Le prieuré de Beaulieu en Roannais*, 1 broch. de 39 p. in-8°. Lyon, imp. Mougin-Rusand, 1896. (Extr. de la *Revue du Lyonnais*).

(2) *L'art roman à Charlieu et en Brionnais*, par F. Thiollier et E. Brossard, J. Déchelette, V. Durand, E. Jeannez, 1 vol. in-4°, 104 p. de texte, 72 héliograv. (13 pl. sur Charlieu). Montbrison, imp. E. Brassart, 1892. Il en a été fait aussi une édition in-folio.

(3) *Le Roannais illustré.* Roanne, rue Saint-Elisabeth, 79. In-4°. Se publie par séries de 6 livraisons; la 7e série est en cours de publication.

lustrations toujours artistiques, publiées sous la direction de M. Paul Roustan, la probité et l'élégance de la typographie, la valeur des articles en font une des revues provinciales indépendantes les plus remarquables.

Sans adopter une division trop arbitraire, on peut classer les sujets qui y sont traités sous quatre rubriques : — l'histoire générale, — l'histoire des familles et des châteaux, — l'histoire des fondations religieuses, — l'art et l'archéologie.

Pour l'histoire générale de la région, il faut citer une étude rectificative de la Mure par l'abbé Reure, sur *les exempts des Dianières,* qui fait remonter avant 1433 la date de l'exemption d'impôts dont jouirent les habitants de ce pays (1). Pour le XVIe siècle, deux articles, l'un de M. O. de Viry sur Poncenat (2) qui retrace la vie et les origines du capitaine protestant et publie son contrat de mariage et son testament; l'autre d'Et. Brossard, récit, composé d'après le manuscrit français 2704 de la Bibliothèque nationale, de l'incursion faite par Condé et les reîtres du duc Casimir dans le Roannais et dans le Bourbonnais, de janvier à avril 1576 (3).

Le XVIIe siècle nous fournit le commentaire topographique de vieilles estampes sur Roanne fait par M. F. Pothier (4); le procès-verbal d'exhumation, par M. Gourju, des restes du Père Cotton, en 1876 (5).

Le XVIIIe siècle est plus riche. C'est d'abord une très intéressante étude de M. Chassin de la Plasse, sur le théâtre à Roanne (6); la relation du naufrage du coche de Roanne à Digoin, en 1780 (7), par M. A. Steyert; un article fort documenté sur les exploits de Mandrin dans le Roannais en 1754, de M. A. Vernière (8); de fort curieuses héliogravures, représentant le sabre gravé et couvert d'inscriptions, ainsi que le cachet du célèbre aventurier, accompagnent ce travail. Et enfin une notice du P. Bonnassieux sur l'industrie de la toile à Panissières (9).

(1) Reure, *Les exempts de Dianières*, 4e série, pp. 204-205. — (2) O. de Viry, *Documents inédits sur François de Boucé, dit le capitaine Poncenat*, 1re série, pp. 30-32. — (3) Et. Brossard, *Un épisode des guerres de religion, fév. 1576*, 3e série, pp. 41-48. — (4) Fr. Pothier, *Roanne au XVIIe siècle*, 1re série. — (5) Gourju, *Inhumation après deux siècles et demi*, 5e série, pp. 62-65. — (6) Chassain de la Plasse, *Le Théâtre à Roanne*, 1re série, pp. 123-128. — (7) A. Steyert, *Naufrage du coche de Roanne à Digoin en 1780*, 1re série, pp. 119-122. — (8) A. Vernière, *Pillage des caisses des employés des fermes dans le Roannais par Mandrin en 1754*, 5e série, pp. 145-155. — (9) Bonnassieux, *Quelques mots sur l'industrie de la toile à*

La Révolution et l'Empire sont représentés par des documents publiés par A. Coste sur la formation du district de Roanne en 1790 (1). E. Brossard y fait l'historique du brigandage en Forez en juillet 1789 (2), et M. L. Mercier s'est consacré à la biographie, étayée sur la plaquette très rare des *Souvenirs de M. de Champagny* et des lettres de famille inédites, d'un de nos hommes d'État, Nompère de Champagny, duc de Cadore (3). La série historique se clôt par l'humouristique histoire du *Pont de Roanne* de M. Fr. Pothier, pont qui mit trente ans à s'achever (4).

Les châteaux pittoresques et curieux dont le Roannais est semé ont eu leurs historiens, qui tous, dans leurs travaux richement illustrés, ont suivi, à peu près, un plan uniforme : l'étude de la terre et des seigneurs, puis la description archéologique et artistique du château.

M. G. Verchère a traité de Boisy qui fut à Jacques Cœur et aux Gouffier (5); de Saint-André, qu'illustra le maréchal (6); M. F. de Sugny s'est consacré au château de Génetines, dont les derniers possesseurs furent les de Charpin et les de Sugny (7); c'est le fief de la Tour et Bourgneuf à Roanne, dont s'est occupé M. Révérend du Mesnil (8); M. E. Leriche a étudié avec beaucoup de finesse L'Aubépin en Beaujolais (9); Montrenard, avec ses ruines solitaires, a tenté M. J. Déchelette (10); M. Th. Perroy, à l'aide de vieux papiers de famille, a retracé l'histoire de la baronnie de l'Espinasse, en y ajoutant quelques détails statistiques du XVIIIe siècle, qui ne sont pas sans intérêt (11); M. A. Vachez a donné la monographie de Chênevoux, le fief des Cotton à partir du XVIe siècle (12), et celle de Saint-Marcel-de-Félines, qu'eurent les Thorigny et les Talaru (13); M. R. de Quirielle, en prenant comme sujet Montaiguet, a écrit un substan-

Pannissières, 7e série, pp. 11-14. — (1) Alp. Coste, *Le Roannais au XVIIIe siècle et la formation du district en 1790*, 1re série, pp. 51-54. — (2) Et. Brossard, *Les brigands dans le Forez (juillet 1789)*, 5e série, pp. 41-45. — (3) L. Mercier, *J.-B. de Nompère, comte de Champagny, duc de Cadore*, 4e série, pp. 33, 89-134, 145-185 (portr.). — (4) Fr. Pothier, *Le pont de Roanne*, 2e série, pp. 25-37.

(5) A. Verchère, *Le château de Boisy*, 2e série. — (6) Id. *Le château de St-André d'Apchon*, 1re série. — (7) F. de Sugny, *Le château de Génetines*, 2e série, pp. 77 à 88. — (8) R. du Mesnil, *Le Roannais féodal, Le fief de la Tour et Bourgneuf*, 2e série, pp. 89-97. — (9) E. Leriche, *L'Aubépin en Beaujolais*, 2e série, pp. 125-144. — (10) J. Déchelette, *Le château de Montrenard et ses seigneurs*, 4e série, pp. 229-239. — (11) Th. Perroy, *La baronnie de l'Espinasse*, 5e série. — (12) A. Vachez, *Le château de Chênevoux*, 6e série, pp. 1-19. — (13) Id. *St-Marcel de Félines*, 6e série, pp. 173-196. —

tiel historique de Montaiguet, de son château, et de sa collégiale, en insistant sur l'attachante figure de l'artiste abbé Pierre de la Fin (1). Quant à M. l'abbé Reure, il a donné une bonne histoire du château de Lalière, et un attachant tableau de la maison de Vitry (2), et surtout, a fait un excellent travail à propos de Châteaumorand, sur les barons de ce nom et leurs glorieuses ou pillardes équipées, sur les d'Urfé et l'originale et étrange Diane de Châteaumorand (3).

Le pays est non moins riche en fondations pieuses qu'en châteaux, leur étude est aussi fournie que celle des demeures féodales.

C'est le couvent des Cordeliers de Charlieu que M. O. de Viry démontre dater du XIIe siècle (4). C'est le prieuré de Pouilly-les-Nonnains, d'abord monastère, puis, dès le XIIIe siècle, couvent de femmes, qu'étudie M. Ed. Jeannez (5). C'est le prieuré de Saint-Martin-d'Ambierle, dont M. P. Bonnardet raconte la fin, d'après les débris de ses riches archives (6). Après avoir publié la relation de la visite de Mgr de Neufville, en 1662, à l'église collégiale de Montbrison, M. l'abbé Prajoux fait l'histoire du prieuré et des fiefs de Noailly (7). M. Révérend du Mesnil nous ramène à Ambierle, avec la biographie de Paul Tallemant (8), et M. Chassain de la Plasse nous conduit au prieuré de Riorges (9), tandis que, d'après les papiers de Chaverondier, M. J. Déchelette nous entraîne sur les confins du Roannais, dans le couvent des Récollets de Saint-Germain-Laval, fondé par le littérateur Jean du Croset, l'auteur de l'introuvable *Philocalie*, qu'une seconde édition appelle plus clairement l'*Amour de la Beauté* (10). Enfin, la partie religieuse se clôt fort honorablement par la publication, d'après un ma-

(1) R. de Quirielle, *Montaiguet, anciennement bourg mixte bourbonnais-forézien, son château, sa collégiale, et sa porte de ville*, 5e série, pp. 109-137. — (2) Reure, *Histoire du château et des seigneurs de Lalière*, 6e série, pp. 12-28-37-58. — (3) Id. *Esquisse historique de Châteaumorand* (presque toute la 3e série).

Ces monographies publient en général les armoiries des possesseurs des fiefs et des châteaux.

(4) O. de Viry, *Le couvent des Cordeliers de Charlieu*, 1re série, pp. 99-103. — (5) Ed. Jeannez, *Le prieuré, l'église, la ville et la justice de Pouilly-les-Nonnains*, 2e série, pp. 49-73. — (6) P. Bonnardet, *Le prieuré de St-Martin d'Ambierle au XVIIIe siècle*, 4e série, pp. 220-228. — (7) J. Prajoux, *L'église collégiale de N.-D. de Montbrison au XVIIe siècle*, 4e série. — Id. *Le prieuré, le village et les fiefs de Noailly en Roannais*, 6e série, pp. 133-164. — (8) R. du Mesnil, *Paul Tallemant, prieur d'Ambierle et sa famille*, 5e série, pp. 156-162. — (9) Chassain de la Plasse, *Le prieuré et l'église de Riorges*, 5e série, pp. 171-183. — (10) Aug. Chaverondier, *Le couvent des Récollets de St-Germain-Laval et son fondateur Jean du Croset*

nuscrit inédit, de l'histoire écrite jour par jour par un père, de la fondation et du développement de la maison des Jésuites à Roanne, sous la direction du Père Cotton, de 1609 à 1614. — C'est un document presque unique en son genre (1).

Si bien pourvu en monuments de tous genres, le Roannais devait fournir une ample matière aux archéologues et aux historiens de l'art.

Charlieu d'abord. Le porche roman de son abbaye qui a mérité de figurer moulé au Trocadéro, et dont M. Barban commente l'architecture (2); puis le couvent des Cordeliers que M. Ed. Jeannez étudie consciencieusement, et avec amour, au double point de vue de l'archéologie et de l'art (3). Les stalles peintes de l'église Saint-Philibert que M. de Champeaux a citées dans son livre sur le Meuble (4), ont été décrites par M. J. Déchelette, avec leurs douze apôtres faisant face à douze saints ou évêques, signées Colinet Jean ou Jeune, et auxquelles il assigne comme date la fin du xve siècle (5). Parmi les vieilles maisons de cette ville, le même auteur s'est arrêté à la belle maison en pierre dite *maison des Anglais* et à qui il a donné le nom plus exact d'*hôtel Franceschi*, du nom de la famille des Franceschi, seigneurs de Villerêt, barons de Semur, qui l'édifièrent (6).

Une des merveilles, comme peinture, du Roannais est, sans contredit, le fameux triptyque d'Ambierle; signalé par Guillien à Mérimée en 1845, il n'a cessé depuis d'être étudié. Après la description de cet archéologue, M. Chassain de la Plasse en donne une autre, où (d'accord avec Mérimée) il repousse l'attribution à Van Eyck pour la reporter à Roger Van der Weyden (7). Puis, après le savant travail de M. Jeannez dans la *Gazette archéologique* (8), et de M. R. du Mesnil dans l'*Ancien Forez* (9), il reprend les découvertes faites dans le dossier Chaugy du fonds Gaignières, fixe la date de 1466, et maintient sa première attribution (10).

L'église de la Bénisson-Dieu fournit à M. Jeannez un im-

6e série, pp. 80-99. — (1) *Historia domus du collège de Roanne*, 6e série, pp. 105-125.

(2) A. Barban, *Le porche de l'église abbatiale de Charlieu*, 1re série. — (3) Ed. Jeannez, *Le couvent des Cordeliers de Charlieu*, 1re série, pp. 109-118. — (4) Champeaux, *Le Meuble*, 1, 486. — (5) J. Déchelette, *Les stalles peintes de l'église Saint-Philibert de Charlieu*, 2e série, pp. 38-45. — (6) Id., *L'hôtel Franceschi à Charlieu*, 5e série, pp. 56-61. — (7) Chassain de la Plasse, *Le triptyque d'Ambierle*, 1re série, pp. 69-76. — (8) Ed. Jeannez, *Retable de la passion de l'église d'Ambierle en Roannais*. *Gazette arch.* 1886, n° 9 p. 10. — (9) *Ancien Forez*, 5e année. — (10) Chassain de la Plasse, *Le triptyque d'Am-*

portant mémoire en deux parties. Dans le premier, après avoir reconstitué le couvent intérieur d'après les vestiges, les dessins de Guillaume Revel, les vues de Martellange et les règles capitulaires, il décrit les parties artistiques de cette église, explique la sévérité architecturale de la partie romane par les statuts, le luxe de la période gothique par la présence de P. de la Fin, s'arrête à la chapelle des Nerestang et décrit les autels, les belles stalles en bois, les broderies du XVIIe siècle, les carreaux historiés, la merveilleuse charpente et la toiture imbriquée de tuiles de couleurs, et les pièces du trésor (1).

Après les travaux de MM. Charvet et Bouchot, M. L. Monery a eu l'heureuse inspiration d'étudier les vues contenues dans le recueil de l'architecte Martellange, architecte des Jésuites, aux n°s 8769 U B. 9, et 8770 U B. 9e du cabinet des Estampes. On y a découvert une précieuse mine de dessins sur la région, de 1610 à 1618, faits par un dessinateur exact et en même temps artiste. Il en donne la liste précieuse (2). Un manuscrit de la chronique du bon duc Loys par Cabaret d'Orville, provenant de la bibliothèque de Saint-Germain des Prés et aujourd'hui à celle de l'Ermitage à Saint-Pétersbourg, manuscrit in-4° de 176 feuillets (271 mm. sur 192) fait pour Anne de Bourbon, dame de Beaujeu, possède 16 belles miniatures représentant les exploits du duc sur tous les champs de bataille de l'époque. Ce sont ces miniatures, curieuses à plus d'un titre, que M. Monery a reproduites d'après les dessins de M. Querroy, formant ainsi un recueil d'une haute valeur (3).

C'est aussi de miniatures, mais de miniatures d'un bréviaire du XIVe siècle, que s'occupe M. J. Déchelette, intéressant, non seulement par sa valeur propre, mais aussi parce qu'il présente quelques analogies avec le bréviaire de Laon provenant de l'abbaye de Vauclerc. Travail bien fait (4). Après les notes de M. Jeannez sur un vitrail de saint Sébastien, du XVIe siècle, dans l'église Saint-Etienne de Roanne, et sur les piles du pont de Saint-Maurice qu'on prétend romaines et qui datent de la fin

bierle d'après des travaux récents, 3e série, pp. 51-57. — (1) Ed. Jeannez, *L'archéologie à la Bénisson-Dieu; l'art à la Bénisson-Dieu*, 3e série, pp. 149-160; 4e série, pp. 3-16, 66-78, 186-203. — (2) L. Monery, *Les vues roannaises d'Étienne Martellange*, 2e série, pp 145-154. — (3) Id., *La chronique du bon duc Loys de Bourbon et les miniatures du manuscrit de Saint-Pétersbourg*, 4e série, pp. 29-31. — (4) J. Déchelette, *Les miniatures du bréviaire clunisien de Saint-Victor-sur-Rhins*, 7e série, pp. 138-144. —

du XIIIe siècle (1-2), il faut mentionner l'inventaire du mobilier de J.-M. de la Mure, l'historien du Forez, publié par M.-F. Vallas. Son « cabinet » était célèbre au XVIIe siècle; il y avait rassemblé toutes sortes de curiosités; on comprend donc l'intérêt de cette publication. A cet intérêt local s'ajoute l'intérêt général que révèlent de brèves mentions. « ... Le bréviaire de saint Anselme escript de sa propre main. » — « ... Plus, un tableau de bois représentant le Sauveur paraissant aux deux disciples d'Esmaüs, de la manière du Raphaël Durbain, peintre fort estimé. » — « ... Plus, un grand tableau sur du bois, représentant la vie de Jephté, juge d'Israël, artistement travaillé de la main du Tintoret (3) ».

Le dernier article des fascicules parus est de M. F. Mazerolle. C'est la publication du testament de Claude Gouffier (3 juin 1570), enrichie de photogravures représentant la dague, la brigandine du grand écuyer, des reliures à ses armes et des miniatures faites pour lui (4).

Les différentes séries du *Roannais illustré* renferment deux études bibliographiques : l'une de M. Maurice Dumoulin, relative aux notes anciennes ou historiques inscrites aux gardes des livres de la Bibliothèque de Roanne, aux marques de possession et aux reliures (5); l'autre, très intéressante, de M. Monery, sur les prix atteints par les livres foréziens ou d'auteurs foréziens dans les ventes publiques (6).

Le sous-sol du Roannais, pays habité à toutes les époques historiques, est extrêmement riche en objets de toute nature et particulièrement de l'époque gallo-romaine ; l'on ne peut le remuer sans amener au jour de nombreux ustensiles de la vie antique.

Roanne (la Rodumna de Strabon, la Rodoimna de Ptolémée) est toute entière bâtie sur une ville antique, ville peu riche, peu développée, semble-t-il, puisqu'elle n'a gardé les traces certaines d'aucun monument public et que la seule inscription qui y ait été découverte soit gravée sur une tablette de grès servant de couverture à l'olla funéraire d'un affranchi. L'emplacement

(1) Ed. Jeannez, *Le vitrail de saint Sébastien dans l'église Saint-Étienne de Roanne*, 5e série, pp. 184-187. — (2) Id., *Les piles et le pont de Saint-Maurice-sur-Loire*, 1re série.

(3) F. Vallas, *L'inventaire du mobilier et des collections de J. M. de La Mure*, 3e série, pp. 161-181. — (4) F. Mazerolle, *Le Testament de Claude Gouffier*, 7e série, pp. 63-74. — (5) Maurice Dumoulin, *A travers les vieux livres*, 7e série, pp. 1-14, 25-38, 49-62. — (6) L. Monery, *Les livres foréziens*, 1re série.

probable de l'Ariolica de la table de Peutinger a livré un beau bras d'enfant en bronze; Saint-Nizier-sous-Charlieu, une belle patère en bronze argenté; Pommiers, Néronde, des stèles votives; Charlieu, un sarcophage avec une longue inscription; Jœuvres, d'énormes quantités d'amphores et de nombreuses pièces de monnaie gauloises; partout enfin, on trouve des restes significatifs, des tuiles à rebord, des poteries, des monnaies, mais nulle part, en Roannais, des restes de grandes agglomérations urbaines et, partant, de fertiles champs de fouilles.

Il est vrai qu'aucun des points du Roannais n'a été fouillé méthodiquement, sauf le vieil oppidum gaulois du Crêt-Châtelard (hameau de Cis, commune de Saint-Marcel-de-Félines, canton de Néronde). Là, les laborieuses et patientes campagnes de MM. Chaverondier et Vincent Durand, de 1872 à 1887, reprises par M. Joseph Déchelette en 1895, ont amené la découverte de portions de murailles avec enchevêtrement de poutres telles qu'on en a exhumées à Murceinx, et au mont Beuvray, surtout une profusion de puits. Trente-six ont été fouillés et ont donné une grande variété d'objets, dont quelques-uns sont au Musée de Roanne; le reste est demeuré aux mains des inventeurs, M. Vincent Durand se proposant de faire à ce sujet une monographie détaillée. Les puits découverts et fouillés n'ont rien de commun avec les puits funéraires du Bernard (Vendée) décrits par MM. Baudry et Ballereau; jamais on n'y a trouvé la trace d'ensevelissements, ni le moindre débris humain; c'étaient des puits d'approvisionnement, au fond desquels, après les avoir vidés, on rencontre, au-dessous des éboulis des margelles, des poteries, des objets en fer, en bronze, et en os. Beaucoup d'entre eux, pourvus d'une eau saine et abondante, servent, aujourd'hui qu'ils ont été déblayés, aux paysans du plateau.

∴

Cette antiquité du sol roannais, cette richesse en débris du passé permettent de concevoir l'existence d'un musée dans une ville toute portée vers l'industrie et qui n'a pas pu ou n'a pas voulu s'occuper du superflu intellectuel.

Le Musée de Roanne, fondé le 8 novembre 1844 par Fleury Mulsant, servit tout d'abord de refuge à quelques antiquités locales et à de nombreux échantillons minéralogiques; sous l'administration de M. Alph. Coste, il se développa dans un local peu approprié à le recevoir; le conservateur actuel, M. Joseph Déchelette, l'a classé méthodiquement, et lui a donné, autant qu'il l'a pu par suite des défectuosités d'un établissement dans les trois étages de l'Hôtel de Ville, une certaine allure et une apparence meilleure que par le passé.

Divers catalogues des collections ont été dressés à différentes époques : le plus récent est de 1895 (1). La partie la plus importante du Musée est sans contredit la partie archéologique. On y trouve 90 des pièces les plus précieuses parmi les quatre cents silex trouvés à la Goulaine (Saône-et-Loire) et en particulier la grande lame en silex jaune, de dimensions vraiment inusitées, où M. Salomon Reinach veut voir un ex-voto consacré à une divinité lunaire; les principales stations préhistoriques de la région y sont représentées, et il ne s'est pas fait une découverte dans l'arrondissement sans que la trouvaille entière, ou, du moins, quelque spécimen ne figure dans les vitrines. De tous les objets de poterie qu'on y voit, il en est toute une catégorie particulièrement intéressante : c'est la série des vases à engobe blanc, décorés de zones rouges ou de décors géométriques. M. Déchelette y reconnait, avec assez de raison, le produit d'une industrie gallo-romaine particulière à la région (2). Le résultat des dernières fouilles du Crêt-Châtelard fait partie maintenant des collections du Musée.

Si le Musée, sauf sur certains points, est relativement pauvre, les cabinets des amateurs, les châteaux des environs, les églises (3) recèlent de véritables trésors qu'on a pu voir, au moins une fois, réunis, dans une exposition.

Lors du concours agricole de 1890, une société d'archéologues et d'artistes conçut le projet, qui fut mené à bien, d'une *Exposition rétrospective*. Ce fut une collection de raretés; à côté des

(1) F. Mulsant, *Précis historique sur le Musée de la ville de Roanne*. Roanne, imp. Farines et Decombes, 1845. Broch. in-8°, 20 pp. — Coste, Barriquand et Didier Remontet, *Inventaire du Musée de Roanne*. Roanne, imp. Chorgnon, 1880, in-8°, 24 pp. — J. Déchelette, *Catalogue des objets composant le Musée municipal*. Roanne, imp. Souchier, 1895, in-16, 175 pp.

Cf. aussi Ant. Valabrègue, art. sur le Musée de Roanne dans le *Courrier de l'Art* du 12 fév. 1886; une communication de M. J. Déchelette à la session du Congrès des sociétés des Beaux-arts des départements, 1895. — R. de Quirielle, article sur le Musée de Roanne dans la *Quinzaine Bourbonnaise*, 30 juin 1896.

(2) J. Déchelette. *Les vases peints gallo-romains du Musée de Roanne*. Rev. Arch., 1895, pp. 196-212, planche en couleurs.

(3) A signaler du même auteur : *Note sur quelques objets d'orfèvrerie conservés dans les églises de l'arrondissement de Roanne.*

vaisselles de bronze gallo-romaines, des sculptures du moyen âge et de la renaissance, des meubles, des émaux, il y eut de remarquables peintures exposées et, pour ne citer que les principales : des portraits de Holbein, de Lucas Cranach, de Quentin Metsys, quatre panneaux décoratifs de Fragonard, des Clouet représentant Charles IX, et Jean d'Albon de Saint-André, un portrait d'après nature du connétable de Bourbon, et du Bronzino, une tête de Catherine de Médicis jeune extrêmement curieuse (1).

La richesse architecturale de la région est aussi grande que sa richesse artistique; il n'est pas de commune qui ne contienne au moins un monument intéressant; les efforts des archéologues roannais, ceux de M. Ed. Jeannez en particulier, combinés avec les démarches de la société de la Diana, sont parvenus à faire classer comme monuments historiques les plus importants d'entre eux : l'église d'Ambierle, au vaisseau si hardi et si élégant, le triptyque, l'église de la Bénisson-Dieu avec sa curieuse charpente, sa toiture imbriquée et les trésors de sa sacristie, les restes de l'abbaye de Charlieu, dont le porche roman a été moulé pour le musée du Trocadéro, le donjon de la vieille ville, l'ancienne maison abbatiale, aujourd'hui le presbytère, quatre maisons des XVe et XVIe siècles, le cloître et l'église des Cordeliers; à Pouilly-les-Nonains, le château de Boisy, la demeure de Jacques Cœur et des Gouffier, enfin le psautier clunisien de Saint-Victor-sur-Rhins.

La Bibliothèque de la ville de Roanne, réorganisée durant ces neuf dernières années, pourvue d'un catalogue alphabétique et d'un catalogue méthodique, possède près de 50,000 volumes (2). Le vieux fonds, outre une centaine d'incunables, est remarquable par une assez grande collection d'impressions lyonnaises du

(1) *Catalogue de l'exposition rétrospective forézienne.* Roanne 1890, imp. Chorgnon, 1 vol. in-4°, 72 p., plus 1 album de 20 planches en phototypie. — Ed. Jeannez, *Inventaire descriptif et raisonné des principaux objets d'art ayant figuré à l'exposition rétrospective forézienne présenté à la Société de la Diana.* Roanne, 1890, in-4°. Imp. du *Roannais illustré*, 36 pp., plus un album de 40 planches en phototypie. — J. Déchelette, *L'Exposition rétrospective forézienne.* Roanne, imp. Chorgnon, in-8°, 32 pp. — E. Leriche, L'Exposition rétrospective forézienne à Roanne. *Roannais illustré*, 5e série, 3e liv., pp. 73-89, 2 planches.

(2) Le catalogue suivant, dont les numéros ne correspondaient à rien de réel, n'a plus qu'une valeur toute documentaire : Arthaud de Viry et J. Augagneur, *Catalogue de la Bibliothèque de la ville de Roanne.* Roanne, imp. Sauzon, 1 vol. in-8°, 304 pp.

XVIe siècle. Les manuscrits, dont le catalogue a paru dans la collection des manuscrits des bibliothèques de France éditée par le ministère, sont peu intéressants. En revanche, elle possède de riches fonds d'archives: les archives du duché de Roannais, laissées en dépôt, par une bienveillance spéciale du gouvernement, où se trouvent les titres et les aveux de Roanne, Saint-Haon, Saint-Maurice, Boisy, Maltaverne, Cornillon, des dossiers sur les familles et les localités du Forez constitués par Guillien (1), des archives révolutionnaires assez vastes, des copies de pièces et des documents sur Charlieu, les papiers anciens du docteur Noëlas, intéressant surtout Saint-Germain-Lespinasse et Saint-Haon, et des protocoles de notaires, les documents assemblés par le sénateur Brossard, en vue d'une histoire de la Révolution dans le département de la Loire, dont un volume est écrit; enfin, les importantes archives d'une fraction de la maison de Vichy.

Les hospices de la région sont pourvus aussi d'archives intéressantes: Roanne, Perreux et Charlieu; ces dernières sont seules classées. Parmi les chartriers des châteaux, il faut citer ceux de Châteaumorand, de Saint-Marcel-de-Félines, du baron Piston, de Saint-Vincent-de-Boisset, de Lespinasse, de la Curée, de Laubespin et de Vougy. Les archives municipales de Roanne ne contiennent que les registres de délibérations de la période révolutionnaire, celles de Charlieu sont beaucoup plus étendues et plus intéressantes.

*
* *

Par cette énumération, forcément incomplète et rapide, on voit que les éléments d'étude ne manquent pas aux travailleurs de la région, qui ont été fort nombreux.

Mais, depuis quelques années, la mort a causé de sérieuses et regrettables pertes dans le monde savant.

En 1896 mourut Alain Maret, qui s'occupa surtout de l'histoire générale du Forez et du Lyonnais et qui a laissé, manuscrits, à la Bibliothèque de Roanne des ouvrages importants qui

(1) A propos des dossiers sur les familles, signalons les publications biographiques suivantes : P. Grangeon, *Mgr Retord, évêque d'Acanth.* Roannais illustré, 2e série, p. 105. — Reure, *Le manuscrit 5,121 de la Bibl. de l'Arsenal* (documents sur la famille d'Ogerolles). Roannais illustré, 6e sér., pp. 165-166. — De Sainte-Colombe, *François-Benoit de Sainte-Colombe, marquis de Laubespin.* Bar-le-Duc, imp. de l'*Œuvre de St-Paul*, 1 vol. in-8° 1888, 134 pp.

méritcraient d'etre publiés (1). Historien exact et précis. Le 21 avril 1888, ce fut M. Alph. Coste qui disparut ; négociant, bibliothécaire de la ville, historien local, il a publié des œuvres intéressantes, mais où l'on sent, avec l'absence de critique, le manque d'études préparatoires (2).

A peu de distance mourait à son tour un doux savant, le docteur Noëlas, qui a laissé des travaux d'un grand charme quand il s'est occupé des légendes des montagnes de la Madeleine, mais d'une érudition un peu trop imaginative lorsqu'il publia des œuvres d'histoire. Artiste, dans toute la force du terme, il s'essaya même à des eaux-fortes qui ne manquent pas d'originalité et de valeur. Ses ouvrages principaux sont ses *Légendes et Traditions foréziennes*, son *Histoire des faïenceries roanno-lyonnaises*, où, sur des preuves un peu légères, il voulut doter le Roannais d'une école de faïenciers, et surtout son *Dictionnaire historique et archéologique du canton de Saint-Haon-le-Châtel*,

(1) Bibliog. d'Alain Maret. *Essai pour servir à l'histoire politique de Lyon depuis les temps historiques jusqu'à la domination des Franks.* Lyon, 1846, imp. Perrin, 1 vol. in-8, 424 pp. — *Notes pour servir à l'histoire de Roanne sous la République et l'Empire*, publ. en feuilleton dans le *Roannais*, 1848. — Dissertation sur l'inscription relative à Condrieu rapportée par Walkenaer, *Rev. du Lyonnais*, t. XVI, nouv. sér., p. 513. — La colonne milliaire d'Usson-en-Forez, *Rev. du Lyonnais*, t. XVII, p. 317. — Alise et Alaise, *Rev. du Lyonnais*, t. XVII, p. 467. — Lettre au sujet des rois Burgondes, *Rev. du Lyonnais*, t. XIX, p. 153. — Observations sur l'histoire de Nantua; Lettre au sujet de l'inscription d'Albigny, *Rev. du Lyonnais*, t. XXII, p. 151. — *Dissertation sur un monument de guerre d'Albin et de Sevère.* Roanne, imp. Sauzon, 1860, in-8°, 44 pp. — Mediolanum du Forez, *Rev. du Lyonnais*, t. XXIII, p. 258. — Observations sur l'emplacement de Cularo, *Rev. du Lyonnais*, t. XXIII, p. 274. — Notes pour servir à l'histoire du Lyonnais, Forez, Beaujolais pendant les excursions des routiers au XIVe siècle, *Rev. du Lyonnais*, t. XXVI, p. 253. — Notes sur les événements qui ont précédé l'expédition de Saint-Symphorien-de-Lay par les volontaires roannais contre les Autrichiens, le 27 mars 1814. *Journal de Roanne*, 15 mai 1864. — En manuscrit, *Essai pour servir à l'histoire de Lyon et du Lyonnais, Forez, Beaujolais, depuis le VIe siècle jusqu'à la Révolution de 1789.* 2 regist. in-4°; *Essai pour servir à l'histoire de Lyon et du Lyonnais, Forez, Beaujolais, depuis la Révolution jusqu'au consulat de Napoléon*, 1 reg. in-4°.

(2) Bibl. d'Alphonse Coste. *Notice sur les antiquités de Roanne.* Roanne, imp. Sauzon, 1857, broch. 16 pp. — *Un épisode de la Praguerie 1440-1452.* Roanne, imp. Chorgnon, 1858, broch. 8 pp. — *Notice historique, archéologique et géologique sur la ville et l'arrondissement de Roanne.* Roanne, imp. Durand, 1862, broch. 111 pp. — *Description de plusieurs emplacements d'anciens camps près des baies de la Loire.* Lyon, imp. Vingtrinier, 1862, broc. 15 pp. — *Essai sur l'histoire de la ville de Roanne et de ses environs.* Roanne, imp. Durand, 1871, 307 pp. — Inventaire du Mobilier des châteaux de Saint-André d'Apchon et d'Ouches aux XVIe et XVIIe siècles. *Mémoires de la Diana*, t. VII, pp. 273-279.

précieux recueil de noms de lieux-dits, de formes anciennes des mots, établi à l'aide de toutes les sources utilisables (1).

M. A. Barban, qui fut archiviste de la Loire avant de fournir sa carrière dans l'administration préfectorale, mourut en 1891, après avoir publié des œuvres variées (2). Un homme politique, un sénateur, M. Brossard, décédé en 1894, doit nous occuper ici, parce qu'il était du Roannais d'abord, et ensuite parce qu'il marqua comme historien et comme érudit. Outre des travaux géologiques, il publia dans les Annales de la Société d'agriculture de la Loire, en 1881, une Note historique sur l'*Exploitation de la houille dans les environs de Saint-Étienne, sous l'ancien régime*, dans laquelle il montre le droit régalien en matière minière ressuscitant au XVe siècle, et ce droit donnant lieu à toutes sortes d'abus : d'abord le prélèvement au profit du roi du dixième des produits et ensuite la concession des mines de houille de toute une région à un seul homme, puis, sous l'empire de la naissance de l'industrie stéphanoise, la constitution d'une « zone d'alimentation » de deux lieues. Cet opuscule et celui sur la *Réserve de Saint-Étienne* où M. Bros-

(1) Bibliographie de Noëlas, *Légendes et traditions foréziennes*, 1 vol. in-8°. Roanne, imp. Durand, 1865, 393 pp., carte. — *Dictionnaire géographique ancien et moderne du canton de Saint-Haon-le-Châtel*, 1 vol. in-8°. Saint-Etienne, imp. Théolier 1871, 223 pp. — *La Tessonne.* Lyon, imp. Vingtrinier. Lyon, 1871, br. in-8°, 40 pp. — *Approche si tu es hardi* (extr. de la *Revue du Lyonnais*). Lyon, imp. Vingtrinier 1872, broch. 48 pp. — Funérailles d'une fille noble au XVe siècle. (*Mém. de la Diana*, t. V, pp. 369-277). — *Histoire des Faïenceries Roanno-lyonnaises.* Roanne, imp. Raynal, 1 vol. in-8°, 292 pp., 60 planches. — *Etudes sur les âges préhistoriques dans le Roannais.* (Ext. des *Annales de la Société d'agriculture de la Loire*, 2e série, t. IV). Saint-Etienne, imp. Théolier, 1 br. 35 p. pl. — *De l'emplacement des villes gallo-romaines Mediolanum, Forum Segusiavorum, Aquæ Segetæ, Icidmagus, Ariolica, Voroglum.* Caen, imp. Delesques. Extr. des *Mém. du Congrès archéol. de Montbrison*), broch. 42 p., carte. — *Les Ambluare et le camp de la onzième Légion*, 1867, Lyon, imp. Vingtrinier, broch. 23 p. 2 cartes.

(2) Bibl. de M. Barban. *Notice sur une pastourelle de Louis Papon représentée dans la salle de la Diana à Montbrison.* Saint-Etienne, imp. Théolier, 1856, 32 pp. in-8°. — *Notice sur la crypte de Saint-Bonnet-le-Château.* Saint-Etienne, imp. Théolier, 1856, 14 pp. in-8°. — *Etude archéologique sur le château de Saint-Priest.* Saint-Etienne, imp. Théolier, 1858, 21 pp. in-8°. — *Violettes*, poésies. Saint-Etienne, imp. Théolier, 24 p. in-8°. — *Notice sur les colonnes itinéraires de Moind et de Feurs.* Saint-Etienne, imp. Bénévent, 1859, 22 pp. in-8°. *Recueil d'hommages d'aveux de dénombrement de fiefs relevant du comté de Forez* du XIIIe au XVIe siècle, t. VII des *Mémoires de la Diana*), 573 p. in-8°. — *Compte d'un receveur de la prévôté de Montbrison en 1430.* Roanne, imp. Chorgnon, 1891, 44 pp. in-8°. — *Le Porche de l'église abbatiale de Charlieu.* Roannais illustré, 1re série.

sard étudie cette zone d'alimentation, n'étaient que les préambules du grand et capital ouvrage qu'il publia deux ans après, sur le *Bassin houiller de la Loire.* Après une introduction historique sur la législation des mines depuis l'ancien régime jusqu'à la loi du 31 avril 1810, il s'occupe des usages de la propriété des mines et fait l'historique des concessions dans les bassins de Saint-Étienne, de Rive-de-Gier, de Saint-Chamond, sous l'ancien régime. Dans la seconde partie, il suit le même ordre pour la période régie par la loi de 1791 et examine, dans la troisième, concessions par concessions, l'exploitation sous l'empire des lois de 1810 à 1852. — En 1883, il avait publié une *Notice sur le canal de jonction de la Loire au Rhône.* Il montre dans cette brochure que le problème de la facilité des transports entre le bassin des deux fleuves, se pose dès que Saint-Étienne et Rive-de-Gier deviennent des centres industriels et des centres d'exploitation. Les projets de canaux furent nombreux; c'est d'abord le rapport de Craponne en 1572, la tentative des Paparel en 1665, les travaux de la Gardette en 1702, le mémoire d'Alléon de Varcourt en 1749, la création du canal de Givors en 1760, le rapport de Patrin, à la Convention, en l'an III, et, dans la période moderne, le plan de Becquey en 1820, celui de Ternaux en 1822, les projets de Cormier en 1826, ceux de Bergeron en 1838-40, la création de canaux annexes sous le second empire, pour aboutir au projet actuellement en cours d'études. Sous ce titre : *Les Élections et les représentants du département de la Loire, 1789-1889*, c'est, avec le court résumé des lois électorales pour chaque période, la liste du total des suffrages obtenus par tous les élus de la Loire aux différentes assemblées. La mort le frappa en plein travail, au moment où il écrivait son histoire de la Révolution dans le département, pour laquelle il n'était pas d'archives qu'il n'eût fouillées, pas de bibliothèques où il n'eût travaillé, pas de communes du département qu'il n'eût visitées, pas de souvenirs qu'il n'eût interrogés (1).

(1) Bibliographie de M. Brossard. *Essai sur la constitution physique et géologique des régions méridionales de la subdivision de Sétif (Algérie).* Paris, 1866, in-4°, cartes et pl. (Extr. des *Mém. de la Société géologique de France*, t. VIII, 2e série). — La conservation des bois au moyen d'antiseptiques. *Bull. de la Société d'industrie minérale, 1862.* — *Note historique sur l'exploitation de la houille dans les environs de Saint-Etienne sous l'ancien régime.* Saint-Etienne, Imp. Théolier, 16 p. — *La réserve de Saint-Etienne*, 1885. Imp. Théolier. 19 pp. in-8°. — *Le bassin houiller de la Loire. Etudes histo-*

L'année dernière, le monde artistique et archéologique du Roannais faisait une grande perte en la personne de M. Édouard Jeannez. Passionné d'histoire et d'art, cet homme aimable consacra son activité et son intelligence à sauver nos vieux monuments de la ruine, et à les décrire avec amour, d'une plume colorée et élégante (1).

∴

La région roannaise, si fertile en monuments, en œuvres et en hommes, a produit aussi des artistes, des musiciens, des poètes, des littérateurs.

Ce pays fut celui des sculpteurs Guillaume Bonnet et Bonnassieux, et deux hommes, jeunes encore, marchant sur leur trace. M. Delorme, l'auteur d'un Mercure apprécié, et M. Girardin, qui, outre sa *Brodeuse forézienne*, a modelé le groupe commémoratif des combattants de 1870-71, qui se dresse en bronze sur une des places de Roanne.

Parmi les peintres, les noms de Mlle Rongier, d'A. Charnay, de Firmin Girard, récompensés plusieurs fois aux salons, s'imposent tout d'abord. Citons à part M. E. Noirot, plus particulièrement roannais, puisqu'il y habite, et que c'est avec des paysages de la région qu'il a commencé sa carrière; un ouvrage récent (2) vient de consacrer son talent et sa réputation.

La musique, outre deux compositeurs locaux estimables, MM. Verchère et Chassain de la Plasse, a tenté surtout un Roannais, M. Camille Benoit, conservateur au Louvre, qui a donné des drames lyriques fort remarqués, et s'est occupé de littérature musicale.

riques sur la propriété, l'exploitation et l'établissement des concessions des mines de houille dans le département de la Loire. Saint-Etienne, 1887, Imp. Balay, t. XXI, 517 pp. in-8° cart. — *Note historique sur le canal de jonction de la Loire au Rhône.* Saint-Etienne, Imp. Besseyre, 1883, 55 p. in-8°. — *Les élections et les représentants du département de la Loire aux assemblées législatives depuis un siècle, 1789-1889.* Saint-Etienne, 1889. Imp. Théolier, 82 p. in-8°. — Dans le *Roannais illustré* : *Un épisode des guerres de religion*, 3e série, pp. 42-44. — *Les Brigands dans le Forez, juillet 1789*, 5e série, pp. 41-51. — Dans *l'Art roman en Charollais et en Brionnais*, *Charlieu pendant la Révolution*, pp. 36-45.

(1) La partie des œuvres publiées à Roanne par M. Jeannez a été analysée dans le dépouillement du *Roannais illustré*; les autres le seront dans l'article sur le Forez.

(2) Félix Thiollier. *Emile Noirot, peintre.* 1 vol. grand in-8°, chez l'auteur, 22 p. illust. et 70 planches hors texte.

M. Debrit, qui mourut récemment, donna quelques pièces au Théâtre-Français et au Palais-Royal, qui furent applaudies; M. Daniel Sivet a produit un volume de vers : *Les Énamourées*, et s'essaya dans le roman; M. J.-J. Jusserand enfin, qui s'est fait apprécier par des ouvrages sur la littérature et le théâtre anglais, et sur l'histoire médiévale de l'Angleterre, est des nôtres, étant originaire de Saint-Haon-le-Châtel.

Il nous reste à signaler parmi les disparus, un homme d'un fin talent littéraire, d'un esprit poétique et charmant, le comte de l'Estoille, qui écrivit avec son cœur des choses exquises, *Au soleil*, *les Amoureuses*, la délicieuse nouvelle *Claire et Barnabé*, parue dans le *Semeur*, chez Régamey, à Lausanne, et dont la dernière œuvre : *les Mois*, a dernièrement été éditée par Lemerre.

Une personnalité originale et presque célèbre, s'éteignit à Roanne en 1893 : M. Tapon-Fougas, issu d'une famille de commissaire feudiste du duché, qui marqua comme « candidat humain » et universel à toutes les élections, et qui se vantait d'avoir écrit plus de vers que Victor Hugo. Son œuvre est colossale, et dans le fatras de pièces, de drames, de comédies qui sont sorties de lui, à côté de choses obscures ou banales, on rencontre parfois des passages étonnants de lyrisme.

⁂

Ce petit pays a donc — on vient de le voir par ce rapide tableau — éveillé bien des curiosités, sollicité bien des études, produit un certain nombre d'hommes remarquables. Si le sol, la nature, comme le veulent certaines théories, a quelque influence sur le développement intellectuel d'une population, les ruines pittoresques, les monuments d'une belle et élégante architecture, les lignes harmonieuses de la vallée de la Loire, les sévères beautés de ses montagnes, l'intérêt sans cesse nouveau de son histoire, la variété des hommes illustres qui en sont sortis, peuvent expliquer cette production.

Mais la meilleure de toutes les explications est celle qui est la plus simple, on étudie beaucoup le pays de Roannais parce qu'on l'aime beaucoup.

En tant que pays, il le mérite.

SAINT-DENIS. — IMPRIMERIE H. BOUILLANT, 20, RUE DE PARIS.

www.ingramcontent.com/pod-product-compliance
Lightning Source LLC
LaVergne TN
LVHW010255230826
846091LV00007B/2978

9782012877498